Bodo Rehfeldt

Das heitere Lese-Klebe-Buch

Das Buch zum selbst fertig machen

Großes über kleine Honigbienen

Books on Demand

Herstellung und Verlag:
BoD - Books on Demand, Norderstedt

ISBN 9783744892551

Im Frühjahr, wenn die Natur bunt wird, fliegen auch die kleinen Pollensammler wieder, bestäuben Pflanzen und versorgen sich und uns mit leckerem Honig.

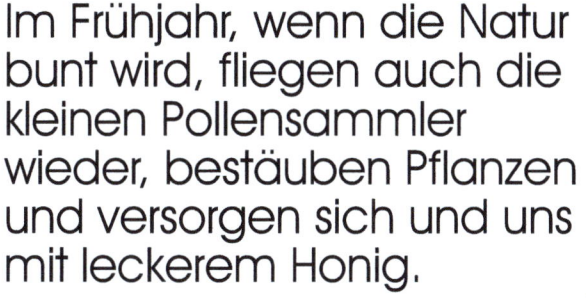

Ich heiße Amanda. Ich bin auch eine Biene, sammle zwar keinen Nektar, habe aber eine andere Aufgabe. Ich erkläre allen Kindern, wie die Honigbienen leben, was sie tagsüber machen, wie sie Honig herstellen und vieles mehr. Gemeinsam mit dir möchte ich das Heft lesen und alle darin gestellten Aufgaben lösen. Zur Belohnung darfst du dir dann die Urkunde auf Seite 39 ausfüllen.

Deine *Biene Amanda*

5

Die Honigbiene

Bienen lebten schon vor
100 Millionen Jahren.
Zu der Zeit gab es auch
noch Dinosaurier auf
der Erde.

In Baumhöhlen fanden sie
ihre Behausung.

Die meisten Bienen waren
Einzelgänger. Wildbienen,
die wir heute noch haben,
leben ebenfalls als Einzeltiere.

Die bekannteste Bienenart ist die Honigbiene.
Diese leben in großen Völkern zusammen.
Bis zu 80 000 Bienen bilden ein Volk.
Bei uns Menschen wäre das schon eine große
Stadt.

Der Mensch will von den
Bienen den Honig haben.
Darum baut er ihnen auch
Wohnungen und kümmert
sich um sie.

Ein Bienenhaus

Bienen brauchen
eine Behausung.

Ein solches Haus
heißt **Beute**.

Zusammen
mit den Bienen
spricht man
vom **Stock**.

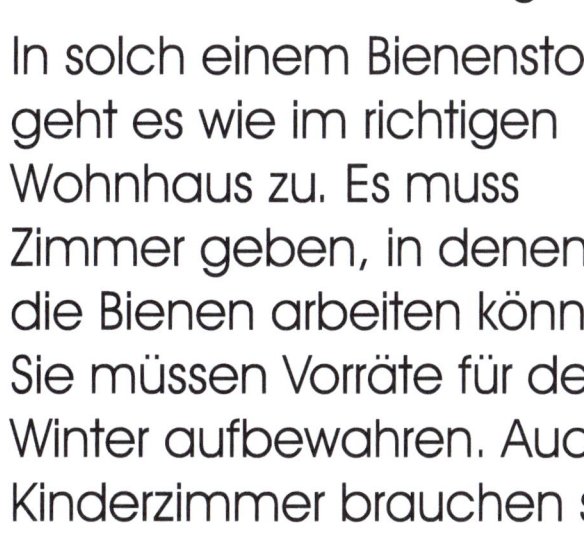

Von einem **Bienenstock** hast du
bestimmt schon einmal gehört.

In solch einem Bienenstock
geht es wie im richtigen
Wohnhaus zu. Es muss
Zimmer geben, in denen
die Bienen arbeiten können.
Sie müssen Vorräte für den
Winter aufbewahren. Auch
Kinderzimmer brauchen sie.

Immer wenn du graue Kästchen auf einer Seite findest, musst du an diesen Stellen Bilder oder Texte einkleben. Auf dieser Seite sind es 3 Stück, auf der nächsten auch. Die Hinweise in den Feldern werden überklebt.

Dein Kinderzimmer sieht anders aus. Jede Biene hat für sich allein eine kleine sechseckige Wabenzelle.

Die 3 Bilder für diese Seite und die 3 für die nächste findest du auf Seite 43.

Die Waben werden von den Bienen aus Wachs gebaut. Das stellen die Bienen selbst her.

Die Wabenzellen für die Arbeiterinnen sind sehr klein. Die Größe einer EURO-Münze kennst du.

Vergleiche diese mit der Größe einer Zelle.

Früher wurden Körbe als Wohnung für die Bienen angefertigt.

Die 3 Bilder sind auf Seite 43 geduckt. Schneide sie aus und klebe sie hier ein!

Heute leben Bienen meist in Kästen aus Holz. Diese werden oft von den Imkern gebaut oder auch gekauft.

Die stapelbaren Kisten sind oben und unten offen. Oben kommt ein Deckel drauf. In ihnen hängen viele Holzrahmen. Die Bienen bauen in diesen Rahmen ihre Waben.

Nektar und Pollen
Nahrung der Bienen

Nektar ist ein süßer Saft der Pflanzen, von dem Insekten angelockt werden.

Bienen saugen diesen mit ihrem Rüssel in den Honigmagen und bringen ihn in den Bienenstock. Dort wird er zu Honig weiterverarbeitet. So schaffen sich die Bienen einen Futtervorrat für den Winter.

Pollen sind die kleinen Staubbeutel, die in der Mitte der Pflanzenblüten sitzen.

Bienen bürsten diesen Blütenstaub mit den vorderen Beinen zu den hinteren, wo er als großes Paket hängen bleibt.

Pollen sind eine wichtige Nahrung für die zu Bienen heranwachsenden Larven.

So sammeln Bienen Nektar ...

2 Bilder und
4 Begriffe
findest du auf
Seite 49.

... und Pollen.

Die Biene ist ein Insekt.

Bei allen Insekten besteht der Körper aus drei Teilen. Das sind Kopf, Brustteil und der Hinterleib. Der Hinterleib ist bräunlich mit helleren Streifen.

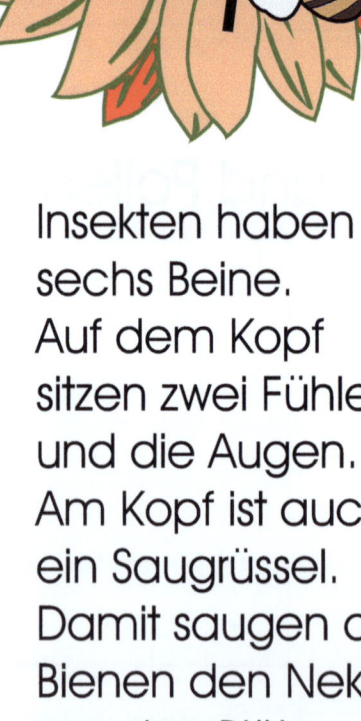

Insekten haben sechs Beine. Auf dem Kopf sitzen zwei Fühler und die Augen. Am Kopf ist auch ein Saugrüssel. Damit saugen die Bienen den Nektar aus den Blüten.

Schneide die Schilder mit den Namen der Körperteile aus und klebe sie hier ein! Die Schilder findest du auf Seite 53.

Der Körper einer Biene

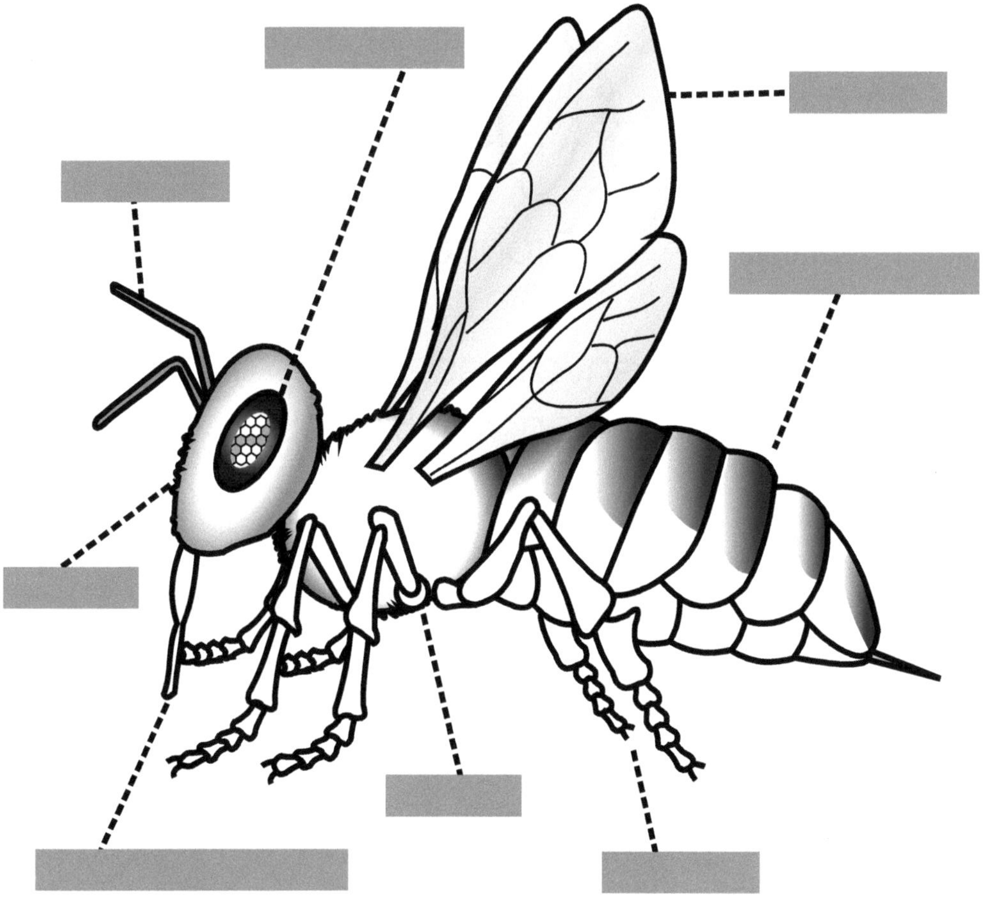

13

Biene ist nicht gleich Biene

Königin Drohne Arbeiterin

In einem Bienenvolk leben drei verschiedene Arten von Bienen.

Das sind:
eine Königin,
bis zu 1 000 Drohnen
und ungefähr 40 000
bis 80 000 Arbeiterinnen.

Für jeden gibt es genau festgelegte Aufgaben.

Eine Biene legt in ihrem Leben über 800 Kilometer zurück. Das ist so weit wie von der Ostsee bis in den Süden von Deutschland.

Die 3 Bilder für diese Seite kannst du auf Seite 41 ausschneiden.

Bienen fliegen bis zu 30 Stundenkilometer schnell. Das ist schneller, als du mit dem Fahrrad fährst.

Um ein Glas Honig zu füllen, fliegen die Bienen so viele Kilometer, dass sie zusammen 3 mal um die Welt reichen würden.

Die Alleskönnerin

Die Arbeiterinnen sind die kleinsten Bienen.
Bis zu 80 000 gehören zu einem Volk.
Eine Arbeitsbiene lebt im Sommer 40 bis 50 Tage.
In dieser Zeit arbeitet sie in 5 Berufen.

1. bis 3. Tag

Die 5 fehlenden
Bilder findest du
auf Seite 53
in diesem Heft.

4. bis 11. Tag

Schneide sie aus
und klebe sie hier
und auf der nächsten
Seite ein!

Die **Putzbiene**
ist für die Sauberkeit
im Bienenstock
verantwortlich.
Sie reinigt die Waben,
in die die Königin die
Eier legt.

Als **Ammenbiene**
füttert sie die jungen
Maden und die
Königin.
Dazu stellt sie den
Futtersaft selbst her.

16

Baubiene ist ihr dritter Beruf. Nur in dieser Zeit kann sie Wachs herstellen, um damit Waben zu bauen.

Als **Wächterbiene** bewacht sie das Einflugloch des Bienenstocks und vertreibt Fremdlinge.

Nun ist sie eine **Sammelbiene**. Sie fliegt jeden Tag aus, um Nektar und Pollen zu sammeln.

12. bis 18. Tag

19. bis 21. Tag

ab dem 22. Tag

Die Königin

Die Königin ist die Mutter des gesamten Bienenvolkes.

Der Imker bezeichnet sie auch als Weisel.

Die Königin hat in ihrem Leben eine einzige Aufgabe zu erfüllen.

Sie soll schnell und viele Eier legen. Sie ist die einzige Biene im Volk, die befruchtete Eier legen kann. Sie sorgt somit für den Erhalt des Bienenvolkes.

Die Königin ist das größte Tier im Bienenvolk. Sie ist ungefähr 2 cm groß.

Die 3 Bilder für diese Seite kannst du auf Seite 41 ausschneiden.

Die Königin legt ungefähr 1 000 Eier an einem Tag. Das sind in einem Sommer über 120 000 Eier. Wenn ein Huhn das schaffen wollte, müsste es über 320 Jahre alt werden.

Eine Königin wird 4 bis 5 Jahre alt. Arbeitsbienen leben im Winter etwa ein halbes Jahr. Als Sommerbiene stirbt sie aber schon nach einem Monat.

19

Die
Drohnen

Drohnen sind die männlichen Bienen.
Davon gibt es nur ein paar Hundert
im Bienenstaat. Ihre einzige Aufgabe
ist, sich während des Hochzeitfluges
mit der Königin zu paaren.
Da sie sonst keine Arbeit verrichten,
werden sie auch nur bis zm Frühsommer
benötigt. Nach der Paarung mit der
Königin sterben die Drohnen.
Die restlichen von ihnen werden im
Sommer nicht mehr in den Stock gelassen.
Bereits nach kurzer Zeit sterben sie vor
Kälte und Hunger.

Was tun Bienen im Winter?

Wenn das Thermometer weniger als 10 Grad anzeigt, fliegen Bienen nicht mehr.

Es leben dann nur etwa 10 000 Arbeitsbienen und eine Königin im Bienenstock. Drohnen gibt es im Winterstock nicht.

Winterbienen werden 6 bis 7 Monate alt. Sie müssen so alt werden, weil es im Winter keinen Nachwuchs gibt.

Die Bienen sitzen im Stock eng in Form einer Traube zusammengerückt, bewegen dabei die Flügel und erzeugen so Wärme.

Für Nahrung haben sie bereits im Sommer einen Vorrat angelegt.

Autsch!

Da muss jemand die Biene geärgert haben, denn normalerweise stechen Bienen nicht.

Sie haben einen Stachel, um ihr Volk, ihren Bienenstock und den Honig vor Räubern zu schützen.

Nicht nur Bären, auch Hornissen und andere Insekten möchten an den süßen Honig.

Die Bienen stechen aber auch, wenn sie sich selbst verteidigen müssen. Wenn sie gequetscht oder geschlagen wird, wehrt sie sich.

Der Stachel sitzt im Hinterleib der Biene und besitzt kleine Widerhaken. Deshalb bleibt er auch bei Menschen in der der Haut stecken, wenn die Biene wegfliegt.
An dieser Verletzung muss die Biene sterben.

So verhält man sich richtig

Nicht nach Bienen schlagen, das macht sie nervös.

Bienen nicht wegpusten.

Keine hektischen und schnellen Bewegungen.

In der Nähe des Bienenstocks ruhig bleiben und nicht den Weg zum Eingang versperren.

Wie wird aus dem Ei eine Biene?

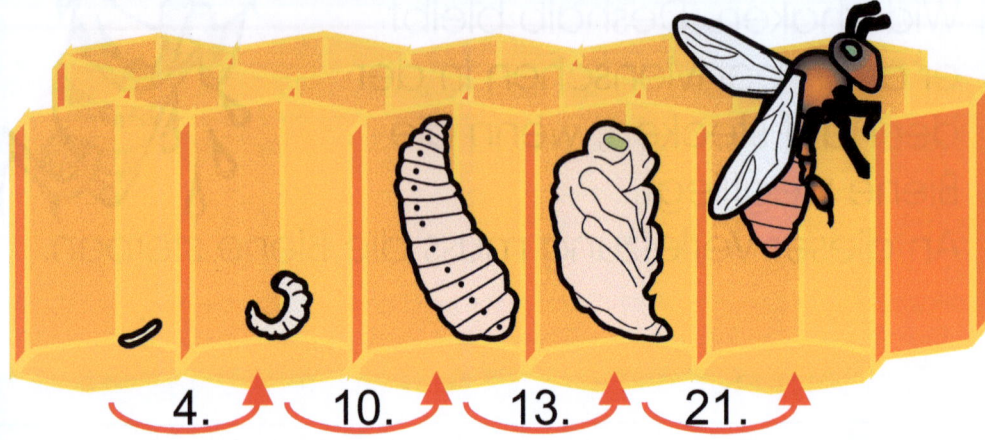

4. — 10. — 13. — 21.

Das ist vielleicht ein Tempo, 21 Tage.

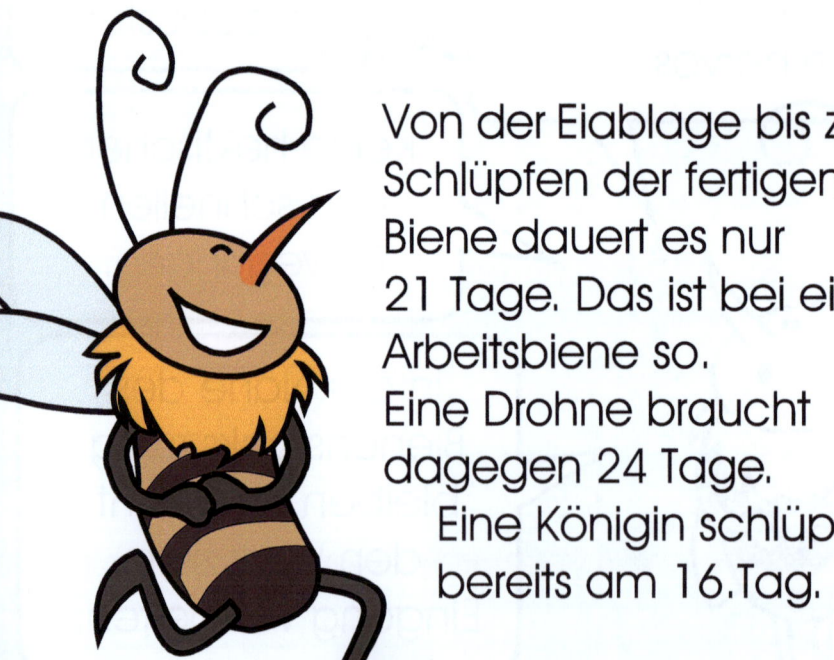

Von der Eiablage bis zum
Schlüpfen der fertigen
Biene dauert es nur
21 Tage. Das ist bei einer
Arbeitsbiene so.
Eine Drohne braucht
dagegen 24 Tage.
  Eine Königin schlüpft
  bereits am 16.Tag.

So entwickelt sich eine Biene

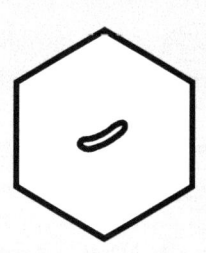

Schneide die 5 Erklärungen auf
Seite 51 aus, ordne sie den Bildern
zu und klebe sie ein!

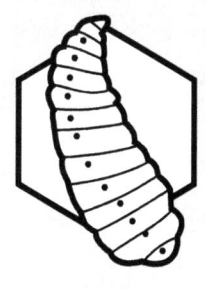

Wie reden Bienen miteinander?

Bienen müssen auch miteinander reden. Wenn eine Biene eine gute Futterstelle gefunden hat, will sie es den anderen Arbeiterinnen mitteilen. Dafür haben Bienen ein Tanzsprache.

Eine Futterstelle, die in der Nähe liegt und weniger als 100 Meter vom Bienenstock entfernt liegt, wird durch einen **Rundtanz** angezeigt.

Dabei läuft die Sammelbiene einen engen Kreis, abwechselnd links und rechts herum. Die anderen Biene folgen ihr ganz dicht und nehmen durch Schwingen der Waben die Information auf.

Sehen können sie ja nichts, denn im Bienenstock ist es stockdunkel.

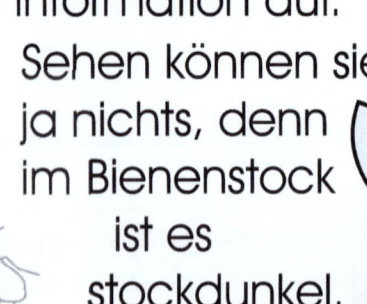

Wenn die Futterstelle weiter als 100 Meter entfernt liegt, erzählt die Biene das ebenfalls mit einem Tanz.
Sie läuft zwei Kreise, die wie eine liegende Acht aussehen.

Außerdem bewegt sie ihren Hinterleib schnell hin und her. Sie schwänzelt beim Tanzen.
Deshalb heißt er auch **Schwänzeltanz**.

Ist die Futterstelle weit entfernt, verlangsamt die Biene den Tanz.

Wenn sie berichtet, dass es sehr viel Futter gibt, zeigt sie das durch sehr starkes Schwänzeln.

Auch die Himmelsrichtung, in der die Futterquelle liegt, kann sie anzeigen.

Wenn du wissen willst, wie sie das macht, lies es auf der nächsten Seite.

Wie teilt die Biene die Richtung von dieser blauen Blumenwiese mit?

Die Biene richtet sich nach der Sonne. Sie merkt sich, dass die Blumenwiese links von der Sonne liegt.

Sie merkt sich auch die Größe der Abweichung. Bei unserer Blume ist es ein Winkel von 40 Grad.

Im dunklen Bienenstock ist für die Bienen die Sonne oben.

Die Biene dreht sich beim Schwänzeln um 40 Grad nach links. So weiß jede Biene die Richtung zur Wiese.

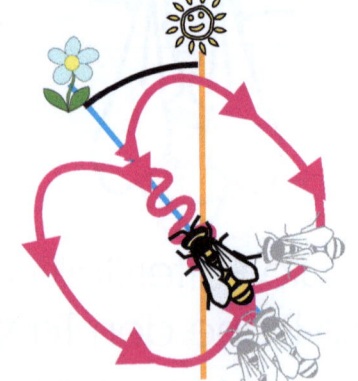

Wenn du auch die Bienensprache verstehst, weißt du bestimmt, ob Bild A oder B zum unten gezeigten Schwänzeltanz gehört. Ob du richtig entschieden hast, steht auf Seite 54.

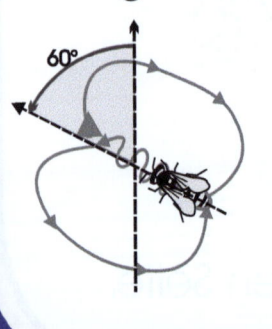

A

B

Bienen auf Wohnungssuche

Wenn im Frühjahr die nachwachsende Brut besonders zahlreich ist, kann es passieren, dass es im Bienenstock zu eng wird. Dann sorgen die Bienen für eine neue Königin. Die alte muss raus. Diese überlässt der jungen den Bienenstock und schwärmt mit einem

Teil des Volkes aus, um sich an anderer Stelle eine neue Unterkunft einzurichten.

Beliebte Plätze sind Kästen von Fensterrollläden, Schuppen, Briefkästen und andere Hohlräume. Oft finden sie keinen passenden Unterschlupf. Dann hängt der Bienenschwarm in einer Traube an einem Ast, während Suchbienen nach einem geeigneten Platz Ausschau halten.

So machen Bienen Honig

Jetzt wird es schwierig!
Für diese beiden Seiten befinden sich am Ende
des Heftes sechs Bilder mit Beschreibung.
Schneide sie aus, lies sie und ordne sie so,
dass es eine richtige Erklärung zum
Honigmachen ergibt. Dann klebe sie ein!

Die 6 Bilder, die für diese beiden Seiten
benötigt werden, findest du auf den
Seiten 45 und 47.

und Vorrat für den Winter

Der Imker

Der Imker ist ein Freund der Bienen.

Eigentlich kann jeder Imker werden. Wichtig ist, dass man Interesse hat, sich gern in der Natur aufhält und keine Angst vor so vielen kleinen Krabbeltierchen hat.

Im Frühjahr und Sommer muss er regelmäßig die Bienen beobachten und die Beuten kontrollieren, einmal in der Woche.

Im Winter kümmert er sich um Material, das er für seine Imkerei benötigt.

Die schönste Tätigkeit des Imkers ist natürlich die Honigernte.

Wichtige Geräte für den Imker

Gefäß mit Deckel
für Wachs

Wassereimer
mit Lappen

Alle 8 Bilder
sind auf
Seite 55.

Stockmeißel zum
Öffnen der Beute,
Herausnehmen
der Rahmen

Abkehrbesen
Bienen abfegen

Kopfbedeckung
mit **Schleier**

Smoker
Bienen ziehen
sich bei Rauch
zurück.

Beute

Honigschleuder
Waben werden
eingesetzt
und
geschleudert.

33

Wir sind Dritter

Von allen Tieren, die für uns Menschen nützlich sind, stehen die Honigbienen an dritter Stelle.

Es ist eben nicht nur der süße Honig, den wir von den Bienen bekommen. Wir haben ihnen auch Obst und Gemüse zu verdanken, denn sie bestäuben deren Blüten.
Danach wachsen daraus erst die Früchte.

Die Biene holt sich für ihren Vorrat Nektar und Pollen von einer Blüte.

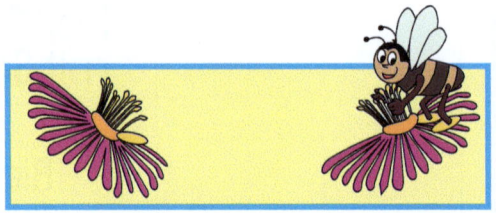

Anschließend fliegt sie zur nächste Blüte. Dabei gelangen Pollen von einer Blüte zur anderen.

Sie bestäubt sie.
Nun wächst daraus eine Frucht.

Diese Pflanzen werden von Bienen bestäubt

8 Bilder auf Seite 55

Tomaten

Paprika

Erdbeeren

Sonnenblumen

Gurken

Pfirsiche

Äpfel

Kirschen

Verwechslungsgefahr!

HONIGBIENE

Körper:	rundlich, mit kurzen Haaren
Farbe:	dunkelbräunlich, mit helleren Streifen
Stachel:	kann nur einmal stechen, stirbt dann
Nahrung:	Pollen, Nektar
Wohnung:	Beuten in verschiedenen Formen

Achtung!

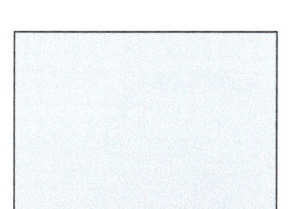

Die 3 Bilder befinden sich auf Seite 49.

WESPE	**HORNISSE**
schlank, mit „Wespentaille"	schlank, doppelt so groß wie die Wespe
auffallende gelb-schwarze Streifen	wie Wespe, schwarz-gelbe Streifen
kann mehrmals stechen	kann mehrmals stechen
Insekten, Getränke, Früchte, Essenreste	Insekten

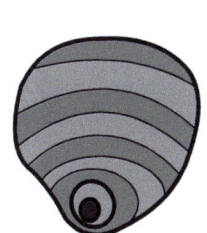 Nester werden aus zerkauter Holzmasse gebaut. Sie sehen wie Altpapier aus.

Jetzt staunst du bestimmt, dass
ich noch einmal erscheine,
obwohl das Buch an dieser
Stelle eigentlich zu Ende ist.
Ich erkläre es dir.
Wenn du die farbigen Bilder,
die im Buch einzukleben sind,
aus dem Internet geholt hast,
brauchst du das Buch doch
nicht zerschneiden. Dein Buch
hätte dann leere Seiten.
Das sieht blöde aus.
Deshalb habe ich für dich ein
paar Rätsel zusammengestellt.
Wenn du jedoch die farbigen Bilder ausschneiden
musst, dann mache es auch und nimm auf die
schwarz-weißen Seiten, die jetzt noch kommen,
keine Rücksicht. Zerschneide sie einfach, du
brauchst sie nicht.

Deine Biene Amanda

Urkunde

für

_____

Du hast das Buch durchgearbeitet
und alle Aufgaben gelöst.
Du bist jetzt ein

Bienen-Experte

Viel Spaß beim
Honigschlecken
wünscht dir

Biene Amanda

3 Bilder für Seite 19

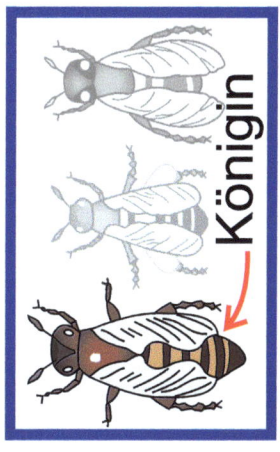

Königin

30 km/h

3 Bilder für Seite 15

3 x um die Erde

Honig

800 km

41

Biene Elke findet nicht den Weg zum Bienenstock. Hilf ihr beim Suchen!

3 Bilde für Seite 9

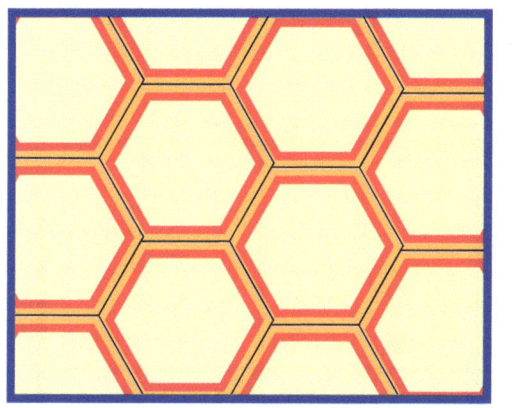

3 Bilder
für
Seite 8

Sudoku 1 - leicht

In jeder Spalte, in jeder Zeile
und in jedem Viererblock darf
jedes Bild nur einmal vorkommen.
Welche Bilder gehören in
die leeren Felder?

Die Biene fliegt in den Sommermonaten bis zu sechs Mal aus, um Blüten zu besuchen.
Sie schafft mehr als 100 Blüten am Tag.

Wenn Honigmagen und Pollentaschen gefüllt sind, fliegt sie zum Bienenstock zurück, um Nektar und Pollen abzuliefern.

Wenn das meiste Wasser verdunstet und ein dicklicher Honig entstanden ist, wird die Zelle mit einem Deckel aus Wachs verschlossen.

Diese 3 Bilde und die 3 von der nächsten Seite gehören zu den Seiten 30 und 31.

Setze die fehlenden Wörter ein.
Von oben nach unten kannst du
dann lesen, wer die Alleskönnerin
im Bienenstock ist.

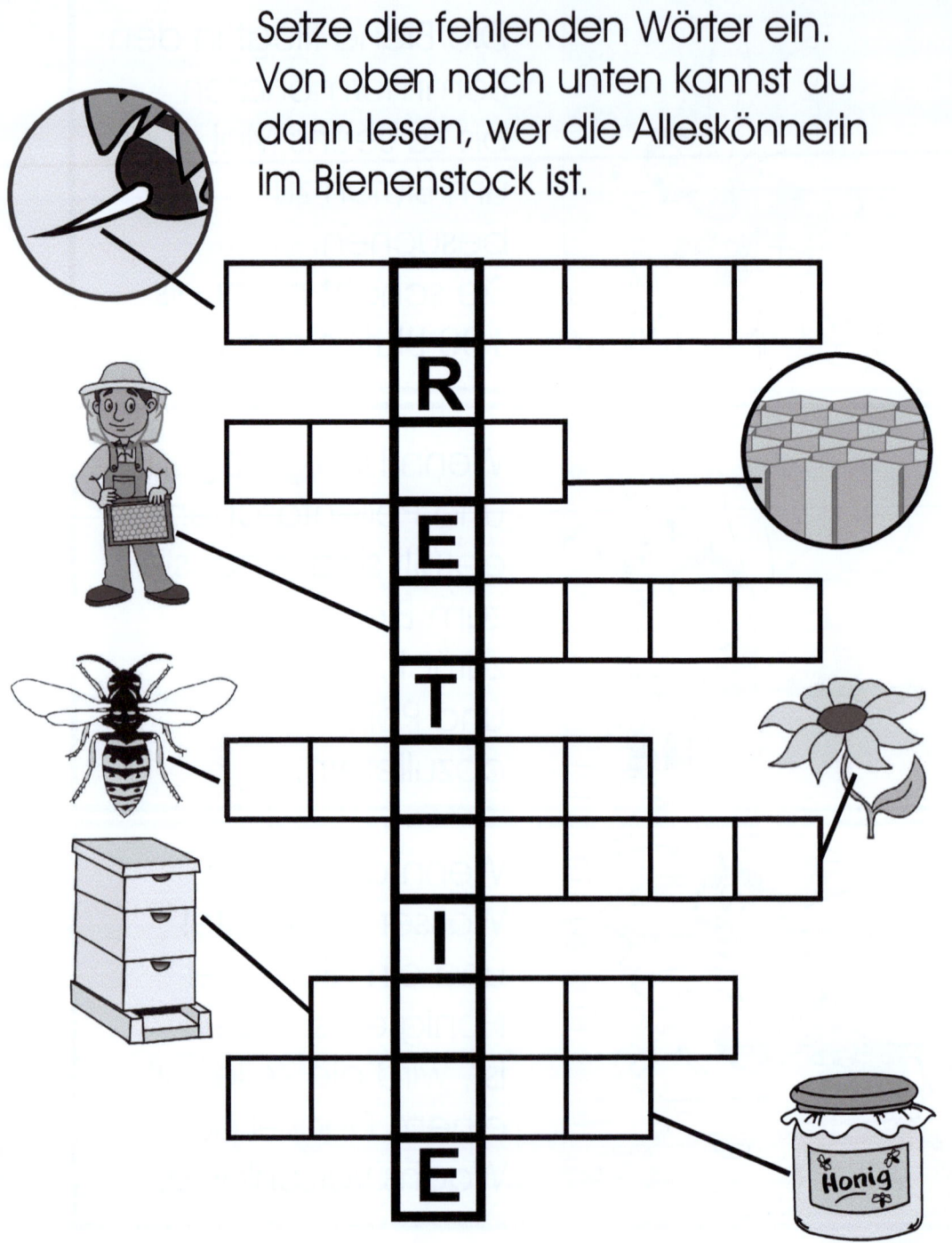

R
E
T
I
E

Der gesammelte Nektar wird in Wabenzellen gelagert, damit er dort trocknen und haltbarer Honig werden kann.

Im Bienenstock geben sich die Bienen den Nektar von Rüssel zu Rüssel weiter. Dabei wandeln sie ihn jedesmal etwas mehr in Honig um.

Aus der Blüte saugt sie mit ihrem Rüssel den süßen Nektar in ihren Honigmagen. Sie schiebt auch Pollen in die Taschen an den Hinterbeinen.

Diese 3 Bilder gehören, wie die 3 von der vorigen Seite, zu den Seiten 30 und 31.

Sudoku 2 - schwer

In jeder Spalte, in jeder Zeile
und in jedem Viererblock darf
jedes Bild nur einmal vorkommen.
Welche Bilder gehören in
die leeren Felder?

3 Bilder für die Seiten 36 und 37

2 Bilder und 4 Begriffe für Seite 11

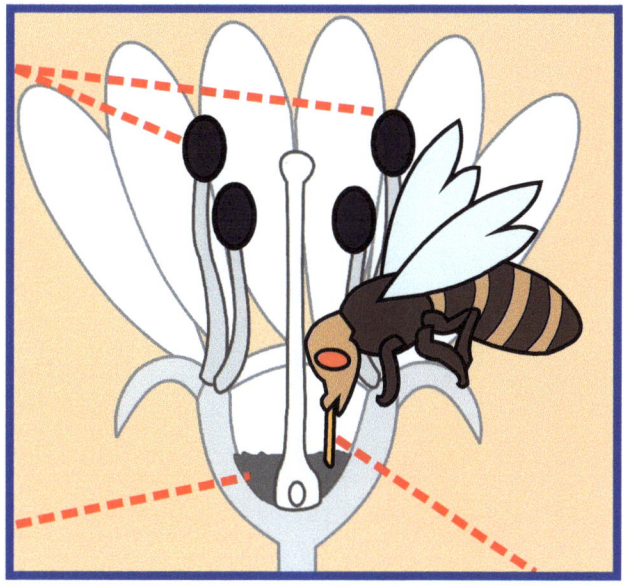

Pollen   **Nektar**

Saugrüssel

Pollenhöschen

In diesem großen Buchstabenfeld sind
12 Wörter versteckt. Sind von link nach rechts
geschrieben oder aber von oben nach unten.
Das erste Wort habe ich schon gefunden..
Findest du die anderen?

A	S	T	O	C	K	W	D	S	A	A	V	V	Q	N
W	Q	L	S	C	Q	R	J	M	K	D	C	A	G	K
D	L	K	V	X	N	A	R	F	X	R	X	R	D	T
C	O	E	G	H	O	N	I	G	Y	O	R	B	Y	A
G	V	L	E	U	G	H	R	R	V	H	O	E	L	N
M	S	L	P	U	P	P	E	M	T	N	J	I	G	Z
T	A	C	X	J	X	L	E	C	U	E	F	T	K	V
D	J	X	O	Q	I	N	B	T	Z	T	J	E	F	S
L	M	Y	C	V	W	D	F	I	J	W	K	R	U	L
A	E	P	O	L	L	E	N	B	H	A	H	I	M	G
R	Y	M	Y	R	U	Y	U	S	M	B	Y	N	I	K
V	W	B	I	E	N	E	B	W	D	E	N	Q	J	X
E	P	W	C	X	J	I	V	Z	H	U	S	Z	Q	K
X	D	Q	W	E	S	P	E	G	W	E	I	S	E	L
H	R	D	F	O	Q	Q	X	T	P	B	I	R	I	S

Diese Wörter sind versteckt:

1) Arbeiterin   2) Pollen   3) Biene
4) Drohne   5) Stock   6) Honig
7) Wespe   8) Puppe   9) Wabe
10) Weisel   11) Larve   12) Tanz

Nach dem Hochzeitsflug mit den Drohnen legt die Königin in freie Zellen der Waben ein Ei. Das Ei ist ungefähr 1 mm groß.

Zwölf Tage braucht die Puppe, um sich zu einer Biene zu entwickeln.

Am zwölften Tag wird aus der Larve eine Puppe. Der Kokon schützt sie.

Am 21.Tag schlüpft die Biene aus ihrer Puppenhaut.

Nach drei Tagen schlüpft aus dem Ei eine kleine Larve. Nach acht Tagen spinnt sich die Larve einen Kokon.

51

8 Unterschiede gibt es zwischen diesen beiden Bildern
Findest du sie?

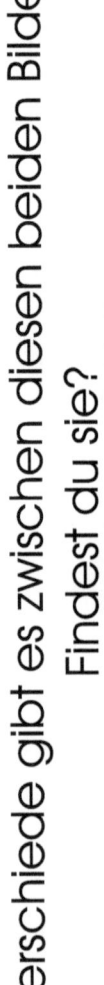

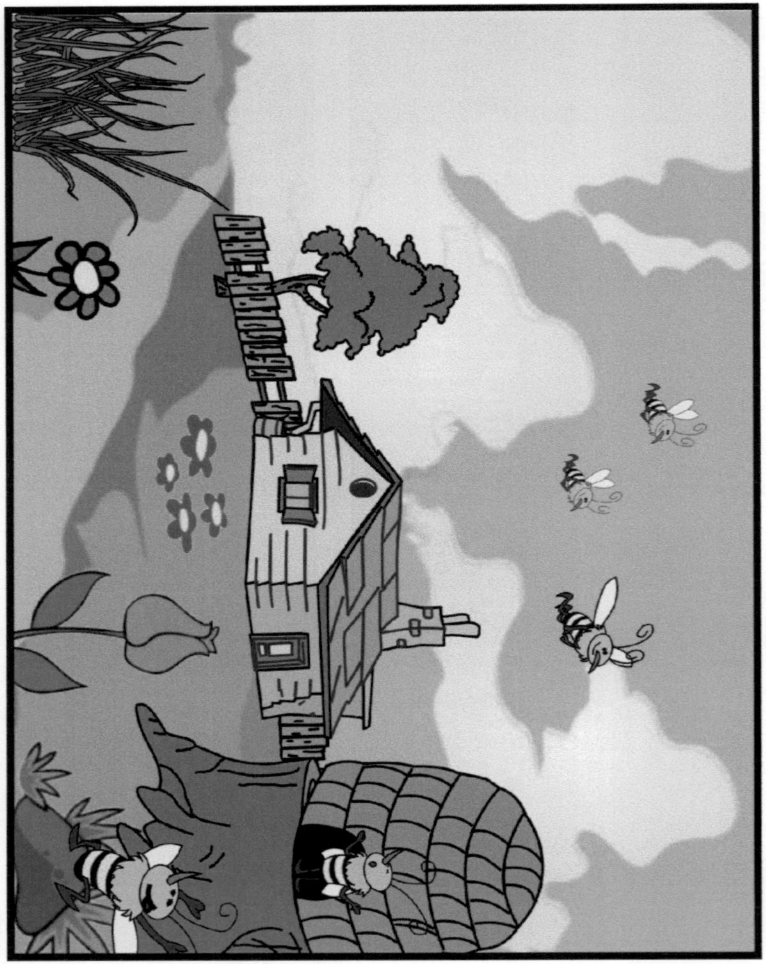

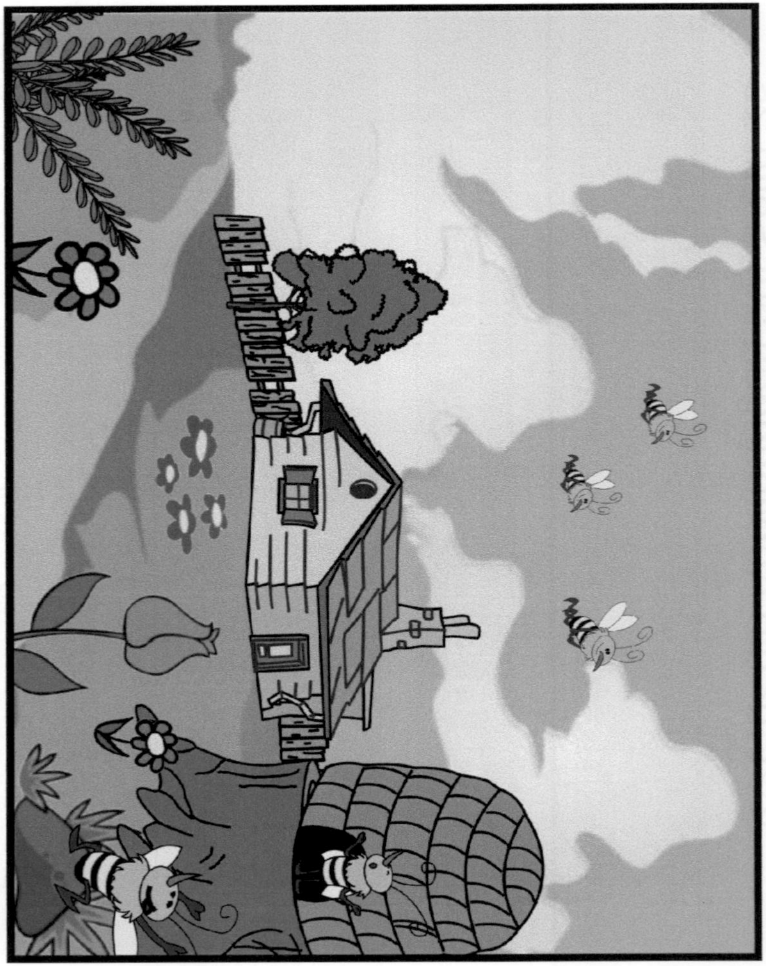

5 Bilder für die
Seiten 16 und 17

Wörter für
Seite 13

Kopf   Brust

Augen   Flügel   Fühler   Beine

Hinterleib   Saugrüssel

Lösung

Der auf Seite 28 gezeigte Schwänzeltanz
gehört zum Bild B

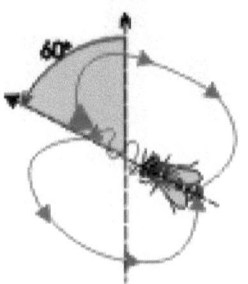 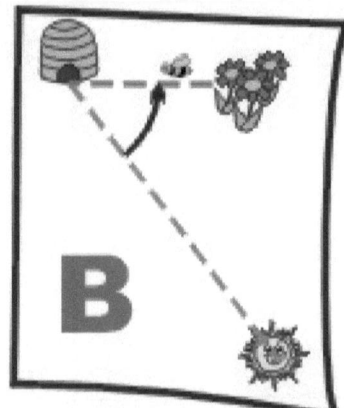

Seite 52

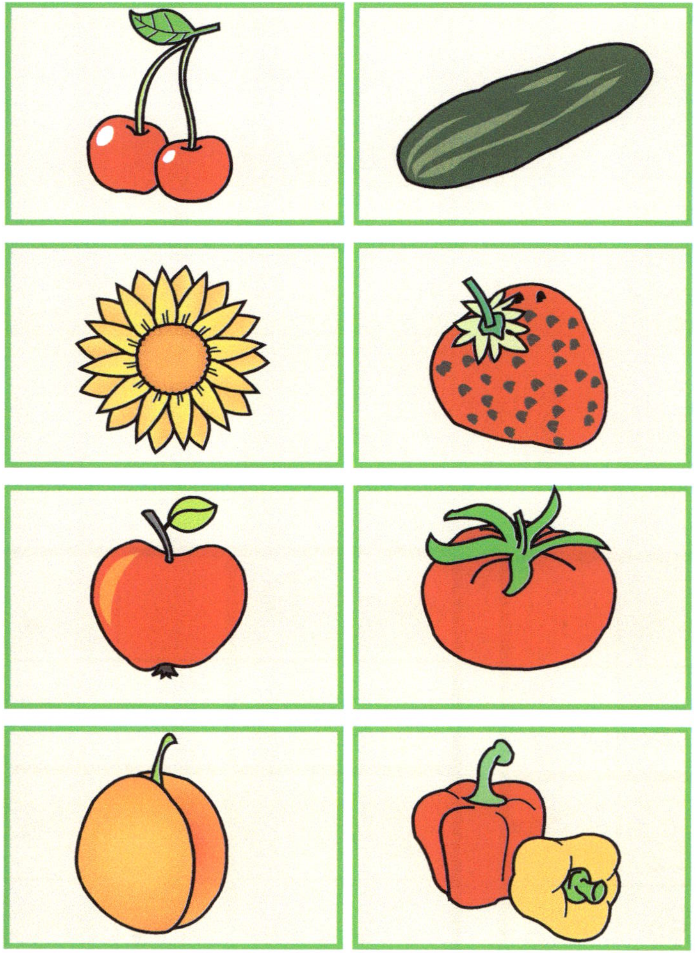

8 Bilder für Seite 35

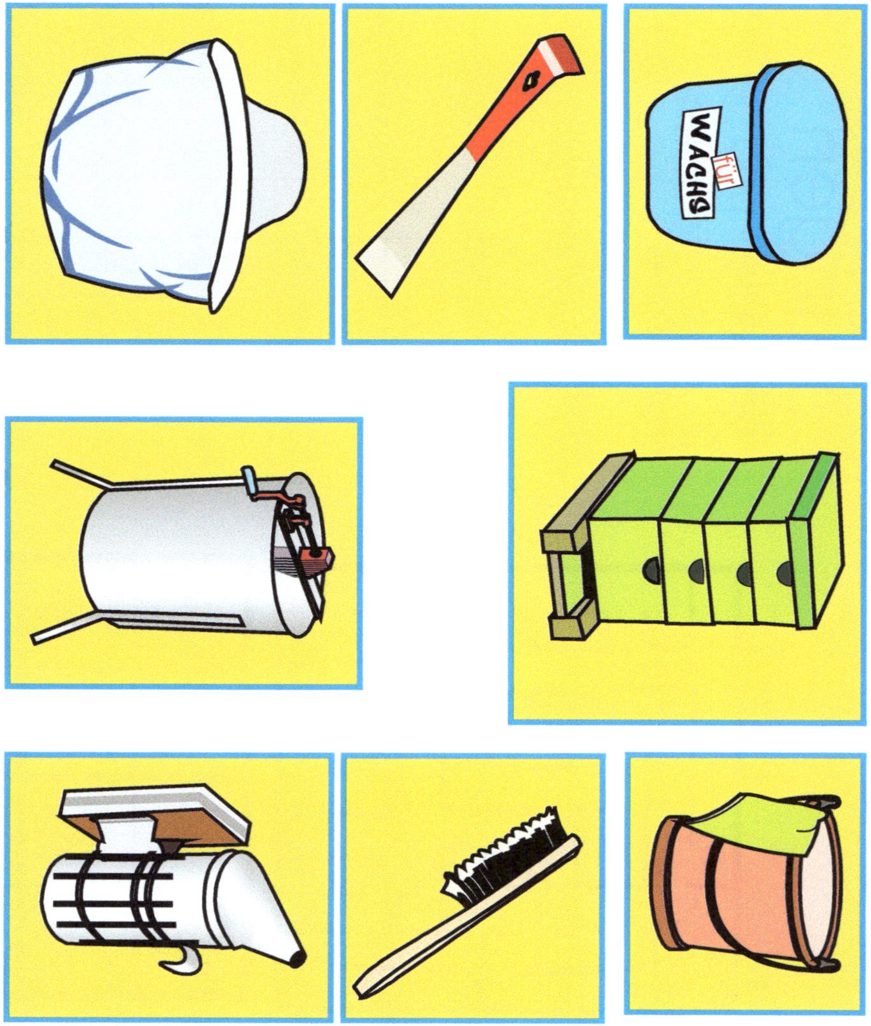

8 Bilder für Seite 33

Seite 42

Lösungen
der Rätsel- und Knobelaufgaben

Seite 46

S	T	A	C	H	E	L
		R				
W	A	B	E			
		E				
		I	M	K	E	R
		T				
W	E	S	P	E		
		B	L	U	M	E
		I				
	B	E	U	T	E	
H	O	N	I	G		
		E				

Seite 48

Seite 50

A	S	T	O	C	K	W	D	S	A	A	V	V	Q	N
W	Q	L	S	C	Q	R	J	M	K	D	C	A	G	K
D	L	K	V	X	N	A	R	F	X	R	X	R	D	T
C	O	E	G	H	O	N	I	G	Y	O	R	B	Y	A
G	V	L	E	U	G	H	R	R	V	H	O	E	L	N
M	S	L	P	U	P	P	E	M	T	N	J	I	G	Z
T	A	C	X	J	X	L	E	C	U	E	F	T	K	V
D	J	X	O	Q	I	N	B	T	Z	T	J	E	F	S
L	M	Y	C	V	W	D	F	I	J	W	K	R	U	L
A	E	P	O	L	L	E	N	B	H	A	H	I	M	G
R	Y	M	Y	R	U	Y	U	S	M	B	Y	N	I	K
V	W	B	I	E	N	E	B	W	D	E	N	Q	J	X
E	P	W	C	X	J	I	V	Z	H	U	S	Z	Q	K
X	D	Q	W	E	S	P	E	G	W	E	I	S	E	L
H	R	D	F	O	Q	Q	X	T	P	B	I	R	I	S

Seite 44

56

Lesen lernen fällt vielen Kindern schwer. Das Zusammenfügen von Buchstaben zu Wörtern und in der Fortsetzung dann Wörter zu Sätzen ist oftmals eine Herausforderung. Diese wird noch größer, wenn es außerdem um das inhaltliche Erfassen des Gelesenen geht. Lesen macht erst Sinn, wenn man versteht, was gelesen wurde.

Üben und immer wieder üben ist die beste Möglichkeit, über diese Schwierigkeit hinwegzukommen.

Dieses Buch will das Leseverstehen der Kinder entwickeln. Neben der Vermittlung naturwissenschaftlicher Kenntnisse über Honigbienen sind Bilder vorgegebenen Texten zuzuordnen, später dann Texte zu Abbildungen und schließlich als Steigerung, Texte mit Abbildungen zu einer sinnvollen Reihenfolge zusammenzustellen. Dafür sind gekennzeichnete Stellen zum Einkleben vorgesehen.

Abgebildet sind diese Bilder und Texte ab Seite 41. Man kann sie also ausschneiden und dann an der richtigen Stelle einkleben. Deshalb auch: Lese-Klebe-Buch.

Nun will man vielleicht sein Buch nicht zerschneiden. Das ist verständlich. Es ist auch nicht notwendig, denn diese Ergänzungsteile können von der Homepage

www.bodo-rehfeldt.de unter **Downloads**

kostenlos heruntergeladen werden.

 Viel Spaß und Erfolg mit diesem Buch.

Dieses Buch wurde
begutachtet von der Bienenfreundin
Frau Katrin Langheinrich,
Mellifera-Regionalgruppe ImmenQuell,
Sachsen-Anhalt.

Danke, Frau Langheinrich!
Bedanken möchte ich mich auch bei
den Lehrern Gerhild und Wolfgang Theilen
sowie den Kindern
Leo, Pascal, Frederieke und Beatrice,
die mit mir alle Aufgaben ausprobiert haben,
bevor das Buch gedruckt wurde.